Inhalt

CO2 als Rohstoff - neue Wege zur Rettung des Weltklimas

Kernthesen

Beitrag

Fallbeispiele

Weiterführende Literatur

Impressum

CO_2 als Rohstoff - neue Wege zur Rettung des Weltklimas

I.Zeilhofer-Ficker

Kernthesen

- Die Forschung an Technologien, mit denen das klimaschädliche CO_2 als Rohstoff genutzt werden kann, hat in den vergangenen Jahren weltweit an Fahrt aufgenommen.
- Eine Reihe von Lösungsmöglichkeiten zeichnet sich als praxistauglich ab; vor allem die Umwandlung von CO_2 in Methangas als Energiespeicher könnte mehrere Probleme gleichzeitig lösen.
- CO_2 könnte aber auch als Rohstoff für chemische Substanzen wie Ameisensäure, Soda, Kalk sowie Kunststoffe

verschiedenster Art dienen oder als Proteinlieferant für Futtermittel eingesetzt werden.
- Jede Technologie für sich birgt ein beträchtliches Potenzial der CO2-Nutzung; in Summe könnten die Verfahren das Gefahrenpotenzial des Klimakillers Kohlendioxid deutlich verringern.

Beitrag

Ziel: CO2-Emissionen verringern

28 Gigatonnen Kohlendioxid werden weltweit jedes Jahr in die Atmosphäre entlassen und tragen dort zum bedrohlichen Wandel des Erdklimas bei. Eine deutliche Verringerung der CO2-Emissionen ist notwendig und rund um den Globus arbeiten Wissenschaftler mit Hochdruck an diversen Projekten, die die Verringerung der Kohlendioxidkonzentration in der Luft zum Ziel haben. (1)

Auf der politischen Agenda steht das Problem Kohlendioxidemissionen weit oben. Da bei wachsender Weltbevölkerung und zunehmender Industrialisierung der Schwellen- und

Entwicklungsländer der CO2-Ausstoß durch Sparmaßnahmen alleine nicht in den Griff zu bekommen ist, sucht man weltweit nach Möglichkeiten, das CO2 zu verwerten, statt es in die Atmosphäre zu pusten. Das Bundesforschungsministerium stellt für den Themenbereich rund hundert Millionen Euro zur Verfügung. In den USA hat das Energieministerium seit 2010 etwa 106 Millionen Dollar investiert. (10)

Die politischen Rahmenbedingungen wie das Kyoto-Protokoll oder der gesetzlich verordnete Emissionshandel bauen Druck auf Wirtschaftsunternehmen auf, die Reduktionsziele zu erreichen. Aber auch die betroffenen Industrien selbst haben großes Interesse an der Thematik, da Energie- und Rohstoffpreise stetig steigen und der Wandel hin zu regenerativen Energiequellen beschlossene Sache ist. Und die diversen Fördertöpfe sind ebenfalls prall gefüllt. (2)

Verschiedene Techniken werden erforscht

1. CO2 als Rohstoff zur Energiespeicherung

Erneuerbare Energien haben einen großen Nachteil - die Stromproduktionsmengen lassen sich kaum steuern. Scheint die Sonne, steigt die Einspeisemenge durch Solarkraftwerke, bei Starkwind wird häufig mehr Windstrom erzeugt, als das Leitungsnetz aufnehmen kann. Speichertechnologien sind gefragt, damit genug Strom genau dann zur Verfügung steht, wenn er auch gebraucht wird. (1)

Bei der konventionellen Energieerzeugung aus Kohle, Erdöl oder Erdgas entstehen große Mengen an CO2, die über hohe Kamine an die Atmosphäre abgegeben werden. Technisch ist es möglich, dieses Kohlendioxid aufzufangen und dann weiter zu verarbeiten. Unter anderem kann man aus der Verbindung von CO2 mit Wasserstoff Methan produzieren, das als Energiespeicher in das Erdgasnetz eingeleitet werden kann. Entsprechende technische Prozesse gibt es zwar schon, diese sind aber für den Einsatz in der Praxis noch nicht effizient und damit wirtschaftlich genug. (1), (3)

Die Abkürzung IC4 steht für Integrated Carbon Capture, Conversion and Cycling, also die integrierte Rückholung, Umwandlung und Verarbeitung von Kohlendioxid. Das Verbundprojekt der Technischen Universität München sowie des Fraunhofer Instituts für Grenzflächen- und Bioverfahrenstechnik mit namhaften Unternehmen wie e.on, Linde AG, Siemens AG, Wacker Chemie AG und einigen anderen, das genau diese Themen bearbeitet, wird vom Bundesforschungsministerium mit 6,3 Millionen Euro gefördert. In der Auftaktveranstaltung am 19.

April 2012 in Garching bei München wurde von den Verbundpartnern der Stand der Technik diskutiert. (3), (4), (5)

Das Projekt wurde auf vier Arbeitsgruppen - sprich Säulen - aufgeteilt. Die erste Gruppe forscht an der effizienten Abscheidung von CO_2 aus Gasströmen mithilfe von Hochleistungsmembranen. Diese Gruppe will herausfinden, welches Material und welche Formgebung von Membranen die beste Abscheidungsleistung erbringen. Die Säule 2 widmet sich dagegen der Adsorption und anschließender Abtrennung von CO_2 mithilfe von Sorbentien. In einer geplanten Pilotanlage will man geeignete Materialien testen. In der dritten Arbeitsgruppe beschäftigt man sich mit der effizienten Produktion von Methan aus der Reaktion von reinem CO_2 mit Wasserstoff. Die letzte Säule schließlich forscht an der Photokatalyse von CO_2 in ein kohlenstoffreiches Gas. Hierfür hat man sich die in der Natur häufig vorkommende Photosynthese zum Vorbild genommen. (5)

2. Algen fressen CO2

Photosynthese ist auch das Stichwort für die Algenproduktion mithilfe von CO_2. Das Biotechnologie-Unternehmen FIM erforscht in Zusammenarbeit mit der GMB GmbH (Vattenfall-Tochter), unter welchen Bedingungen bestimmte Mikroalgen besonders viel CO_2 zu sich nehmen und dadurch wachsen und gedeihen. In großen, lichtdurchlässigen Bioreaktoren nehmen die Algen den Kohlenstoff auf und geben Sauerstoff ab. Die Algenmasse dient als Ergänzungsmittel für Tierfutter oder kann zu Biodiesel weiter verarbeitet werden. (6), (7)

3. Mikroorganismen als CO2-Verwerter

Das Biotechnologieunternehmen Brain arbeitet seit zwei Jahren mit der RWE Power zusammen, um CO2 mithilfe von Mikroorganismen in chemische Grundstoffe umzuwandeln. 29 Organismen wurden in den Abgasschloten des Kohlekraftwerks Niederaußem gefunden, die besonders effektiv CO2 aus den Abgasen in Pyruvat und Bernsteinsäure umwandeln. Aus diesen Grundstoffen wiederum können Biokunststoffe, Schaumstoff und Feinchemikalien erzeugt werden. Zur weiteren Erforschung haben sich 21 Unternehmen und Institute zur Innovationsallianz ZeroCarbonFootPrint zusammengeschlossen, die ebenfalls vom Bundesforschungsministerium gefördert wird. Vom gesamten Forschungsvolumen von 46 Millionen Euro für die nächsten neun Jahre können bis zu fünfzig Prozent gefördert werden. Die Brain AG will spätestens in zehn Jahren rund 60 Millionen Tonnen CO2 Emissionen mit dieser Methode einsparen und weiterverarbeiten. Das wären 20 Prozent der Jahresemissionen aller deutschen Stromerzeuger. (8),

(9)

4. Andere Verfahren

CO2 kann auch heute schon mithilfe von chemischen oder physikalischen Prozessen aus den Abgasen herausgewaschen werden. Allerdings kann damit nur ein Teil des im Rauchgas vorhandenen CO2 abgetrennt werden. Zudem verschlechtert sich dadurch der Wirkungsgrad des Kraftwerks. In Kanada wird eine Versuchsanlage gebaut, worin CO2 durch elektrochemische Reduktion in Ameisensäure und Salze umgewandelt wird. In Texas ist eine Pilotanlage in Bau, in der über elektrolytische Prozesse das CO2 aus Abgasen in Salzsäure und Natriumbikarbonat verarbeitet werden soll. (8), (10), (11), (12)

Der amerikanische Investor Prize Capital LLC hat im Januar 2012 einen Report veröffentlicht, der zusammenfasst, wie viele Projekte es momentan gibt, die das Recycling von Kohlendioxid zum Thema haben. Darin sind neunzig verschiedene Technologien gelistet. Geht man davon aus, dass verschiedene Ansätze und Technologien miteinander kombiniert werden können, so sind theoretisch 13 000 Lösungen denkbar. Das Innovationspotenzial ist also enorm! (13)

Trends

Eine Milliarde Tonnen CO2 werden global bereits als Rohstoff genutzt - das entspricht aber nur fünf Prozent der Emissionen. In Deutschland könnte man bereits jetzt 180 Millionen Tonnen CO2 einsetzen. Allerdings sind die Technologien derzeit noch teuer und ineffizient. In zehn Jahren dürfte die Situation aber anders aussehen. Experten schätzen, dass sich rund zehn Prozent der notwendigen Kohlendioxid-Emissionsreduktionen durch Recyclingverfahren erreichen lassen. (10)

Ein weiteres Argument spricht für die Nutzung von CO2 als Rohstoff: Das bisher als Basisprodukt der chemischen Industrie häufig verwendete Rohöl könnte durch CO2 ersetzt werden. Da CO2 praktisch aus der Luft gefischt werden kann, stünde damit eine fast unerschöpfliche Rohstoff-Ressource bereit.

Fallbeispiele

Bei Bayer in Leverkusen läuft seit 2011 eine Pilotproduktion für Schaumstoffe, in der CO2 aus der RWE-Stromerzeugung durch Zink als Katalysator gebunden wird, woraus sich Polyole (Grundstoff für Polyurethan) erzeugen lassen. 13 Millionen Tonnen Polyurethan werden jährlich beispielsweise als

Dämmmaterial, zu Montagezwecken oder als Grundstoff für Matratzen oder Turnschuhe genutzt. Mit diesem Verfahren kann Erdöl als Rohstoff dafür ersetzt werden. (2), (10)

Das kanadische Unternehmen Mantra Energy hat ein gemeinsames Projekt mit dem Energieerzeuger Powertech und dem Baustoffproduzenten Lafarge bekannt gegeben. In der Lafarge Zementfabrik in Richmond, British Columbia soll die Kommerzialisierung des elektronischen Prozesses ERC zur CO_2-Reduktion und Weiterverarbeitung vorangetrieben werden. (11)

Die Firmen BASF und Siemens präsentierten kürzlich einen besonderen Staubsauger. Dessen Gehäuse wurde aus einem CO_2-Plastik-Hybrid gefertigt. Dafür wird in Ludwigshafen jede Woche eine halbe Tonne CO_2 zu Polypropylenkarbonat geschmolzen. (10)

Weiterführende Literatur

(1) Rohstoff aus (rauchenden Schloten CO_2 speichern und verwerten an diesen Konzepten arbeiten Chemie- und Energieindustrie CO_2 speichern und verwerten an diesen Konzepten arbeiten Chemie- und Energieindustrie
aus PROCESS Nr. 006 vom 07.06.2012

(2) Unternehmen sagen dem Raubbau den Kampf an

aus WirtschaftsWoche online vom 2012-06-11

(3) Klimakiller hilft bei der Energiewende
aus Sächsische Zeitung vom 14.5.2012 Seite 5

(4) Kohlendioxid als Teil von Lösungen für eine klimaschonende Energieversorgung
aus WIRTSCHAFTS-INFORMATIONS-DIENST ENERGIE vom 04.April 2012

(5) Ein ganzheitlicher Forschungs-Ansatz
aus www.powernews.org Meldung vom 02.05.2012 - 09:04

(6) ots.Audio: Danke, liebe Algen! - Wie der Klimakiller CO_2 zum Rohstoff wird
aus news aktuell, 2012-05-29

(7) Algen machen Georg Fischer reich
aus SO_Mittelland Zeitung vom 17.06.2012

(8) Lecker CO_2
aus brand eins, Heft 06/2012, S. 28-32

(9) Wertstoffe aus CO_2: Bundesforschungsministerium fördert von RWE Power koordinierte Innovationsallianz
aus news aktuell, 2012-06-19

(10) Der Klimakiller als Rohstoff
aus WirtschaftsWoche online vom 2012-05-25

(11) Mantra Energy Alternatives and Powertech agree to Collaborate on Carbon Capture and Recycling

Process Field Trials
aus WirtschaftsWoche online vom 2012-05-25

(12) Skyonic Raises $9 Million and Signs Northwater Capital, ConocoPhillips, BP and PVS as new Investors
aus WirtschaftsWoche online vom 2012-05-25

(13) Prize Capital (TM) Report Profiles 90 Unconventional Carbon Capture Technologies
aus WirtschaftsWoche online vom 2012-05-25

Impressum

CO2 als Rohstoff - neue Wege zur Rettung des Weltklimas

Bibliografische Information der deutschen Nationalbibliothek

Die Deutsche Nationalbibliothek verzeichnet diese Publikation in der deutschen Nationalbibliografie; detaillierte bibliografische Daten sind im Internet über http://dnb.d-nb.de abrufbar.

ISBN: 978-3-7379-1533-5

© 2015 GBI-Genios Deutsche Wirtschaftsdatenbank GmbH, Freischützstraße 96, 81927 München, www.genios.de

Alle Rechte vorbehalten. Dieses Werk ist einschließlich aller seiner Teile – z.B. Texte, Tabellen und Grafiken - urheberrechtlich geschützt. Jede Verwertung außerhalb der Grenzen des Urheberrechtsgesetzes bedarf der vorherigen Zustimmung des Verlags. Dies gilt insbesondere auch für auszugsweise Nachdrucke, fotomechanische Vervielfältigungen (Fotokopie/Mikroskopie), Übersetzungen, Auswertungen durch Datenbanken oder ähnliche Einrichtungen und die Einspeicherung und Verarbeitung in elektronischen Systemen.